MAURICE BESLAY

VERMELLES

ET LE FRONT

ÉDITIONS DE LA " NOUVELLE REVUE "
90, RUE LACÉPÈDE, (Xe)
PARIS
1916

MAURICE BESLAY

VERMELLES

SUR LE FRONT

ÉDITIONS DE LA "NOUVELLE REVUE"
80, rue Taitbout (IXᵉ)
PARIS

1915

Dès le début de la guerre, Maurice Beslay, fort de son brevet de capitaine au long cours et voulant servir de la façon la plus active, obtint sa nomination de lieutenant dans l'armée du génie. A ce titre, il signa un engagement volontaire pour la durée de la guerre. Avec enthousiasme, il fit son apprentissage d'officier, attendant avec impatience l'heure de partir au front. Cette heure vint. Sans négliger aucun de ses devoirs, le lieutenant Beslay trouva le temps de rédiger, d'après ses impressions, une sorte de journal que la « Nouvelle Revue » publia sous le titre de Sur le Front. *C'est l'évocation sous un relief étonnamment vigoureux de la vie des tranchées de première ligne où la vie exaltée dans son rythme le plus puissant voisine de si près avec la mort.*

Tout à coup, les feuillets que Maurice Beslay nous adressait presque quotidiennement n'arrivèrent plus ; son frère, le commandant Beslay, lui-même grièvement blessé au début de la guerre, nous apprit la fin de notre collaborateur, tombé le 29 mai, au nord d'Arras (en cherchant à assurer la sécurité de ses hommes dans un cantonnement violemment bombardé). Quelques pages furent retrouvées dans ses papiers ; c'est la suite et hélas ! la fin de Sur le Front. *Ce sont les dernières lignes écrites par Maurice Beslay qui mérita d'être cité deux fois à l'ordre du jour de l'armée et proposé pour la croix de la Légion d'honneur. Le 15 avril, son colonel s'exprimait ainsi dans son rapport :* « Le lieutenant Beslay commandait le détachement des sapeurs accompagnant l'attaque ; il s'est comporté avec une bravoure magnifique, sautant un des premiers dans les tranchées au point où devait être exécuté le barrage et arrêtant par son attitude énergique l'ennemi qui essayait de s'enfuir ; il a ainsi fait prisonnier lui-même un officier et un sous-officier, je le propose pour la Légion d'honneur. »

Ces lignes disent ce que fut Maurice Beslay comme soldat. Les lecteurs de la « Nouvelle Revue » *ne connaissent qu'une faible partie de son œuvre d'écrivain. Ses amis seuls connurent sa nature loyale et généreuse.*

Henri AUSTRUY,
Directeur de la « Nouvelle Revue ».

CITATION A L'ORDRE DE L'ARMÉE

du Lieutenant Maurice BESLAY

du 1er Régiment du Génie, Compagnie 4/7

« Le 15 avril, à l'attaque des tranchées du Grand Eperon de
« Lorette, parti en tête de son détachement, est arrivé un des
« premiers dans le boyau ennemi. A fait exécuter avec le plus
« grand sang-froid les travaux de barrage et de défense, mal-
« gré un violent bombardement et l'explosion de deux four-
« neaux ennemis ».

Au quartier général, le 25 avril 1915.

Le général commandant la 10ᵉ armée,
Signé : **V. d'URBAL**.

« Officier très audacieux, qui s'est comporté en toutes
« circonstances avec une bravoure et un entrain magnifiques.
« A maintenu sa section au travail pendant trois nuits consé-
« cutives dans des circonstances très difficiles sur un plateau
« soumis à un bombardement intense. Tué le 29 mai ».
Au quartier général, le 10 juin 1915.

Le général commandant la 10ᵉ armée,
Signé : **V. d'URBAL**.

Vermelles [1]

Il est au pays noir un village à jamais célèbre, dont le nom sera souvent, après la guerre, sur les lèvres de ceux qui reviendront et se répètera longtemps, bien longtemps, dans les livres d'histoire, sur les bancs des écoles, quand nous ne serons plus... C'est le village de Vermelles. Dans la plaine qui s'étend de Lens à Béthune et que bordent au sud les collines de l'Artois, il se dressait fièrement — il y a quelques mois à peine — autour des puits de mines et des corons. La vieille église au portail roman, toute blanche au-dessus des toits rouges, dominait le village de sa haute tour. Un château moderne, des maisons nouvellement élevées en faisaient l'ornement, et la vie s'y écoulait calme et paisible pour ses quatre milliers d'habitants.

Les travailleurs noirs devaient aimer à venir s'y reposer après les rudes fatigues du jour, ou après le labeur de la vie, la vieillesse était venue. Aujourd'hui, il ne reste plus rien du riant village que des murs éventrés, des maisons béantes, des ruines, des décombres. De loin, il n'apparaît que comme un grand amas de pierres, sans faîte : le clocher de l'église, les

---

(1) L'article sur *Vermelles*, écrit par M. Beslay au mois de mars, peu après la conquête de ce point si durement gagné, n'a pas encore été publié.

Les trois chapitres de *Sur le Front* ont paru dans les numéros de la *Nouvelle Revue*, des 1er et 15 mai, 1er juin et 1er juillet 1915.

On reconnaîtra facilement dans quel célèbre et dangereux secteur ont été vécues ces pages, bien que leur auteur ait dû s'abstenir de toute désignation trop précise.

C'est après ces heures terribles que le lieutenant Beslay, rappelé avec sa compagnie pour quelques jours au repos un peu en arrière du front, fut frappé au cours d'un premier bombardement de Bouvigny-en-Gohelle, le 29 mai après midi !

cheminées, les toits pointus des maisons hautes, tout ce qui s'élevait trop orgueilleusement, a été abattu, nivelé par l'obus destructeur ; seules, les maisons basses sont restées debout, protégées par la modestie de leur unique étage. Les arbres eux-mêmes n'ont pas été épargnés ; dépouillés de leurs branches, ils dressent vers le ciel leurs cimes émondées, semblables à de grands squelettes qui s'élèveraient sur des tombes.

Dès l'entrée du village, chaque maison est un monceau de ruines. Ah ! la tristesse de ces foyers détruits où gît pêle-mêle sur les pierres écroulées tout ce qui faisait le confort et la joie de familles unies jadis, disparues, dispersées aujourd'hui, dont bien des fils ne reviendront plus... Ils sont là tous ces pauvres objets qu'on n'a pas pu emporter dans la fuite, tous ces souvenirs qui devaient être si chers aux cœurs des disparus, lamentablement souillés, brisés, épars dans la boue : c'est une pauvre statuette mutilée, ce sont des portraits vénérés, conservés pieusement depuis des années, des photographies jaunies de tout petits enfants qui faisaient la joie et l'orgueil de leurs mères, des diplômes de travailleurs, fruit de vies de labeur, qui pendent encore accrochés au mur branlant dans leurs beaux cadres d'or, tout le cher passé implacablement profané, détruit. Dans chaque intérieur, c'est le même spectable de désolation...

De la vieille église qui dominait le village, il ne reste que des murs. En quelques heures la rafale de mitraille a détruit ce que les siècles avaient épargné. Le haut clocher, où jadis tournait joyeusement le coq doré, n'est plus qu'une lourde masse de pierre au sommet crénelé, donnant au temple de la prière l'aspect de quelque tour meurtrière. Seul, vaillamment, le vieux portail roman est demeuré témoin indestructible du passé, semblant vouloir, malgré tout, attester le grand âge du sanctuaire, dont il gardait le seuil. Dans l'intérieur de la nef, qu'aucune toiture n'abrite plus, gisent dans le plus affreux désordre tous les objets du culte : statues, candélabres, chaises, confessionnaux. L'autel est effondré, mais, dominant le tout, la poitrine trouée d'un éclat d'obus, est demeuré au mur un grand Christ dont la grande pitié semble pleurer sur tant d'horreurs, en une agonie nouvelle...

A l'extrémité du pays s'élevait une belle et riche habitation que l'on appelait le château de Vermelles. Un parc soigneusement entretenu l'entourait. Quelques obus ont suffi pour faire de l'élégante demeure un chaos inextricable de ferrures, de pierres, de bois calcinés, et pour la transformer en un champ de carnage strié de tranchées profondes et meurtrières.

Le spectacle le plus désolant encore est au cimetière. La guerre profanatrice n'a pas même épargné le champ de la mort, dont elle est venue troubler le repos. Les chapelles ont été démolies, les pierres tombales brisées, les terres fouillées, laissant apparaître des squelettes à nu, des ossements, des suaires. Dans une même tombe deux cercueils sont éventrés : ce sont ceux du père et de la fille que l'obus destructeur n'a pas voulu laisser dormir en paix. Mais la mort est partout dans le village, car entre chaque maison, dans chaque jardin, dans les champs voisins, partout se trouvent des tombes. Des mottes de terre les signalent, toujours surmontées de petites croix de bois où se lisent des noms de soldats français ou allemands tombés là, au champ d'honneur, et dormant côte à côte, enfin fraternellement ! Parfois la main pieuse d'un ami est venue y déposer quelque modeste couronne, quelque pauvre bouquet.

Il n'y a plus aucun habitant à Vermelles. Dans les rues on ne voit que des soldats qui s'en vont aux tranchées ou viennent prendre un peu de repos dans les maisons en ruines. Dans l'une de celles-ci, surmontée d'une enseigne d'estaminet, une chapelle a été dressée. Quelques statues, des candélabres, sauvés du désastre de l'église, ont été apportés, et, sur la devanture, il a été écrit à la craie *Chapelle, Messe tous les dimanches.* Par une matinée de février, j'entrai dans le lieu saint. Devant l'autel officiait un prêtre, dont la soutane et le surplis dissimulaient mal le pantalon rouge. La pièce était pleine de soldats silencieux, recueillis. De temps en temps, au-dessus de nous, un obus sifflait ébranlant la maison ; dehors, la pluie tombait dru, des rafales de vent soufflaient par les fenêtres sans vitres. Et le prêtre-soldat prit la parole : il parla de la mort qui régnait tout autour de la grande paix éternelle, où s'éteindront toutes les haines et aussi tous les crimes des peuples...

Sur le Front

CHAPITRE PREMIER

I

Depuis ces huit longs mois de guerre il est à tout instant sur toutes les lèvres, sur toutes les pages, dans tous les cœurs de ceux qui se battent, de ceux qui souffrent, de ceux qui attendent, ce mot magique, mystérieux, terrible : le Front ! Evocateur de gloire ou semeur d'angoisse, il sonne comme un clairon ou comme un glas funèbre et c'est vers lui que se tendent tous les regards, toutes les forces, toutes les énergies, toute la foi du pays.

Il est fait de longs sillons sanglants qu'on nomme les tranchées, où germe l'héroïsme et où crie la souffrance, blessures béantes faites à notre sol pour y dresser contre l'envahisseur une barrière invincible de poitrines et de cœurs. Ils s'étendent, ces longs sillons, depuis la mer du Nord jusqu'au fond de l'Alsace, parcourant les plaines, traversant les villages; escaladant les monts, serpentant à travers les' bois ; leurs lignes sinueuses s'allongent indéfiniment sans discontinuité, permettant de franchir à l'abri de leur creux, sans sortir de terre, toute l'immense étendue du territoire. Comme une seule barrière ne suffirait pas, d'autres ont été creusées, parallèlement, à plusieurs centaines de mètres de celle-ci et derrière elle pour constituer une deuxième, une troisième ligne de défense au cas ou la première viendrait à céder. Ce sont les tranchées de deuxième, de troisième ligne à l'abri desquelles la France peut vivre tranquille.

Tout le terrain situé en arrière étant continuellement battu par les obus et les balles, sur une largeur parfois de plusieurs kilomètres, ne pourrait être franchi à découvert. Il a donc fallu, pour accéder aux tranchées, creuser de longs couloirs, assez profonds pour dissimuler complètement les hommes, et que l'on appelle les « boyaux » de communication. C'est par eux que se font les passages des troupes, les « relèves », les ravitaillements, les approvisionnements, tout ce qui est nécessaire à la vie des tranchées. Aussi quel encombrement dans ces étroits couloirs, où l'on ne peut passer à deux qu'en s'incrustant dans les parois des flancs ; quel interminable défilé d'hommes chargés d'armes, de colis, de munitions ; quel cheminement pénible et lent dans la boue liquide et glissante, car ces boyaux d'où l'eau ne peut s'écouler, deviennent avec la pluie d'affreux cloaques vaseux. Sans cesse aussi d'autres passent, portant des gamelles fumantes qui dégagent d'affreuses odeurs de graisse, des pains que les « poilus » dans leur langage imagé appellent « boules de son » et dans lesquels, pour les maintenir, a été passée une mauvaise ficelle, des seaux en toile contenant le « jus », autrement dit le café, ou le vin coloré : ce sont les cuisiniers qui s'en vont porter la soupe aux tranchées.

Ah ! quels souvenirs de fatigue et de lassitude elles laisseront à tous ceux qui reviendront, ces longues heures de marche si pénible dans les boyaux boueux ! Ceux-ci, comme les tranchées, ne sont jamais tracés en ligne droite : pour éviter qu'ils ne soient pris en enfilade, c'est-à-dire exposés au feu allongé de l'ennemi, ils sont formés de lignes brisées et sinueuses qui augmentent considérablement les distances. Il faut bien du temps pour parcourir peu de chemin, et comme l'on est heureux après ces longues courses d'apercevoir enfin l'issue du sombre couloir et de pouvoir contempler, après tant de peines, l'horizon et le ciel tout entier. A la sortie du boyau se trouvent les tranchées-abris, où se tiennent dans un demi-repos les troupes de réserve dont on pourrait avoir besoin en cas d'une attaque sérieuse. Formées de cavernes creusées dans la terre ou sur le bord des talus, de huttes recouvertes de bois, de branchages et de paille, elles ont l'aspect d'un village sauvage. Mais là s'oublient les dangers, les privations et les tristesses : on s'y réchauffe, on y dort, on y secoue sa misère et la vieille gaîté française y renaît, malgré tout, au bruit du canon, parmi les groupes de « poilus » d'où partent de joyeux propos, des rires, des chansons !

II

Nous sommes dans les tranchées de première ligne. Suivant les lieux, elles sont placées plus ou moins éloignées des lignes allemandes. Ici, par suite de l'avance que nous ont donnée nos dernières attaques, elles ne sont séparées que de quelques mètres — une trentaine au plus. — Toutefois il ne nous est pas possible de connaître exactement cette distance, car l'on ne peut songer à se montrer, ne fût-ce qu'un instant, au-dessus du remblai, qui protège la tranchée, sans qu'une balle aussitôt ne soit tirée de l'autre côté pour punir le curieux. Il faut pour observer se servir d'un appareil réflecteur nommé périscope qui, par un système de glaces, permet de voir sans être vu ; mais cette observation n'est elle-même pas sans danger, tout au moins pour le périscope, qu'une visée trop prolongée expose à une destruction certaine et qui peut éclater, sous le choc d'une balle, en plein visage de l'observateur.

Ici, plus de chansons, plus de rires, on n'entend que le sifflement des balles et on parle à voix basse pour n'être pas entendu de là-bas, où tant de fusils sont braqués sur nous...

La tranchée est sinueuse, coupée de pare-éclats, surmontée de créneaux très étroits qui permettent aux hommes d'observer et de tirer : les « poilus » se tiennent adossés au talus, toujours en éveil et prêts à faire le coup de feu à la moindre alerte. Pour se préserver du froid causé par leur long stationnement et de l'humidité que dégage la terre toute imprégnée d'eau, ils se sont enveloppés de sacs de toile, de couvertures,

Tandis que des hommes veillent, d'autres sont au repos, à l'abri dans des trous qui ont été creusés dans les parois de terre, sorte de niches très étroites où l'on ne peut se tenir que courbé et dont l'entrée est fermée par une toile. Malgré l'ennemi tout proche, malgré le bruit des « marmites » et des balles, on y dort après les dures fatigues des veilles, on y oublie un instant l'heure présente, on y rêve au foyer lointain...

Il y a aussi les joies de la tranchée : l'arrivée du courrier qui, jusqu'ici, apporte les lettres si chères, les envois que l'on ouvre avec tant de surprise, les journaux que l'on s'arrache pour y lire les nouvelles de la guerre ; puis c'est l'entrée en un long défilé des cuisiniers, qui apportent la soupe préparée au loin, les gamelles que l'on dévore si avidement, là, un peu de tout ce qu'ils ont pu trouver pour souffrir moins, et ces divers vêtements qui donnent à nos braves un aspect si tristement pittoresque, sont toujours affreusement couverts de boue... partout, debout ou assis sur les banquettes de tir, et le « jus » si goûté du soldat, qui réchauffe et que l'on boit dans les « quarts » ; enfin c'est la relève qui vient remplacer les occupants et que l'on salue avec joie. Souvent une balle siffle avec un bruit de gros frelon et vient s'aplatir sur le talus protecteur en rendant un son mat ; il est si familier ce bruit qu'il n'émeut plus personne et qu'il n'est salué que d'une imprécation énergique et d'une réponse immédiate de l'un des nôtres. Mais il n'y a pas que les balles dont il faille se garer : il y a les bombes, les grenades que nos poilus appellent les « crapouillauds » et qui, lancées à la main ou à l'aide d'un petit canon de la tranchée ennemie, viennent éclater avec un grand bruit de ferraille ; dès qu'on les voit, il faut se terrer dans le premier trou à proximité pour échapper aux éclats meurtriers. Aussitôt, une autre bombe part « de chez nous » : c'est ce que l'on appelle ici « l'envoi par le retour du courrier. »

Entre les deux lignes opposées de tranchées, s'étend l'espace neutre souvent très étroit, toujours battu par les balles, creusé, raviné par les projectiles, tout hérissé de pieux et de ronces. En vue de protéger les abords des tranchées et d'arrêter les assaillants, on a dû dresser d'immenses réseaux de fils barbelés que l'on remplace, lorsqu'ils ne pourraient être installés sans danger, par des « chevaux de frises » ou des « hérissons », sorte d'engins formés de bois en croix qui maintiennent les fils garnis de pointes et que l'on n'a qu'à jeter en avant des remblais pour en défendre les abords. Mais cet espace qui sépare les lignes, cette bande de terre si chèrement défendue, est aussi le champ de la mort où sont couchés sans sépulture, ceux qui sont tombés lors des derniers combats et que l'on ne peut aller chercher...

III

Les balles et les « crapouillauds » ne sont pas les seuls para-
sites de la tranchée. Il y a aussi les « torpilles », les « saucis-
ses » qui arrivent avec un bruit infernal, tournoyant en l'air,
projetant toutes sortes de ferrailles : il faut bien vite se garer,
dès qu'on les entend, en se jetant dans le premier abri qui se
présente. Puis il y a les envois plus conséquents de « marmites », petites et grosses, moins dangereuses que bruyantes, car
rarement elles atteignent les tranchées mêmes, grâce à leur
étroitesse : elles n'éclatent le plus souvent qu'en dehors en
faisant un grand trou dans la terre et en projetant celle-ci en
tous sens. On en est quitte tout au plus pour une forte commo-
tion et un commencement d'enterrement. Nos tranchées de première ligne sont généralement à l'abri de premières surprises,
surtout quand elles sont voisines de celles de l'ennemi : les
batteries d'en face, n'ayant que fort peu de confiance dans la pré-
cision de leur tir, craignent d'atteindre leurs propres tranchées
et elles préfèrent se rattraper sur nos deuxième et troisième
lignes ou sur nos boyaux dans l'espoir, toujours déçu de cou-
per nos communications avec l'arrière.

Ces envois de « marmites » ont lieu le plus souvent plusieurs
fois par jour, aux mêmes heures, en sorte que le « poilu à la
coule » en connaît le moment et attend l'heure du marmitage
tout comme une parisienne attend l'heure du thé : quand la
rafale devient trop intense le « poilu » reste philosophiquement
en son abri de terre pour la laisser passer. Il est si habitué à
ce concert qu'il en distingue toutes les notes et reconnaît à
leur son les pièces qui tirent, le sifflement rapide et aigu du 77,
l'aboiement prolongé du 150 et son éclatement sourd, puis le
bruit plus lent des vraies marmites des « autobus » dont on
entend passer, en ondes sonores, les énormes masses... mais
soudain, il se redresse fièrement et son visage s'éclaire : au
milieu du fracas de l'orchestre, il a entendu l'éclat rapide,
saccadé du 75 dont la voix, bien connue, s'élève impérieuse et
vengeresse, pour leur répondre là-bas...

IV

Si les journées sont calmes parfois dans la tranchée, il n'en est pas toujours de même des nuits. Dès que l'obscurité se fait et que les lignes ennemies se couvrent d'ombre, les coups de fusils commencent à crépiter. C'est le moment pour les « poilus » d'ouvrir l'œil pour prévenir toute surprise, car dans cette guerre de trous et d'ombre, c'est surtout la nuit que se font les attaques. Pour les prévenir et pouvoir sans cesse observer le terrain, on lance d'énormes fusées qui s'élèvent très haut dans le ciel et retombent en gerbes lumineuses éclairant l'espace : c'est le feu d'artifice de la tranchée auquel on répond de l'autre côté par d'autres fusées.

Parfois un homme de veille croit apercevoir quelque chose qui bouge... Serait-ce une attaque?... Nos voisins sortiraient-ils de leurs trous? Aussitôt, l'éveil est donné : de toutes parts la fusillade éclate, sonore par les nuits claires : les balles sifflent, les coups se succèdent, rapides, saccadés, les mitrailleuses, faucheuses de mort dont les canons sont toujours braqués sur l'ennemi, se mettent de la partie pour battre le terrain et dominent le fracas de leurs claquements précipités, les bombes éclatent en projetant leurs sinistres lueurs... le ciel s'illumine, tout crépite, tout flamboie... le canon se met à tonner... Puis, peu à peu, les coups s'espacent, la fusillade se ralentit, tout se calme et rentre dans l'ombre. Etait-ce le déclanchement d'une attaque que notre feu a arrêtée ou simplement une fausse alerte?... Nul ne le sait.

V

Dans la partie de la tranchée la plus avancée, la plus rapprochée de l'ennemi, il est un poste dangereux entre tous et nécessitant une surveillance et une attention continuelles de la part des sentinelles qui y sont placées. C'est le point extrême du front, la dernière limite de nos lignes, la barrière qui les sépare des lignes allemandes et que l'on nomme le « barrage ».

Lorsqu'une attaque nous rend maîtres d'une tranchée ou d'un élément de tranchée, il faut non seulement l'occuper, mais la mettre en état de défense, l'organiser pour pouvoir s'y maintenir ; il faut donc y construire un remblai d'abri, changer la face de la ligne de feu et avant tout établir le barrage qui séparera la partie occupée par nous de celle restée entre les mains

de l'ennemi. C'est l'œuvre des sapeurs du génie qui, hâtivement
au cours de l'attaque et sous le feu de l'ennemi, construisent
cette barrière en entassant les uns sur les autres des « sacs de
terre », ces fameux boucliers de la tranchée dont ils consti_
tuent la meilleure défense. Entre ceux-ci, des vides étroits
doivent être ménagés pour laisser passer le canon des fusils
sans cesse braqués et pouvoir surveiller ce qui se passe de
l'autre côté... Car il est toujours enveloppé d'un terrible mystère, d'un effrayant inconnu, ce mur sans cesse battu par les
balles, qui seul sépare les haines de deux peuples et à l'abri
duquel veillent les plus braves...

CHAPITRE II

I

Parfois dans la tranchée, se mêlant au sifflement des balles, à
l'éclatement des obus ou à l'explosion d'une bombe, un bruit
familier se fait entendre : c'est un bourdonnement d'abord
imprécis, qui bientôt se rapproche et chante tout là-haut dans
le ciel bleu. En l'entendant, les hommes surgissent bien vite des
abris, les têtes se redressent, les yeux inspectent curieusement
l'espace, fouillent l'horizon et les mains se tendent pour indiquer un point du ciel où se profile un avion, si infime dans
l'immensité. Aussitôt tous les regards le suivent et les discussions s'engagent : « Est-ce un français ou bien un boche ? » Sous
ses ailes se distingue la cocarde tricolore. « Il est de chez nous ! »
dit l'un avec autorité. « C'est un oiseau qui vient de France ! »
chante un autre poilu. En effet, l'avion se rapproche de nos
lignes, les survole rapidement et s'en va bravement vers les
lignes allemandes. Et tous le contemplent avec fierté ce petit
point du ciel qui porte nos couleurs et passe triomphalement
à travers l'espace, au-dessus de l'ennemi exécré, pour aller
accomplir sa délicate mission.

Dans cette guerre, en effet, le rôle de l'avion est prépondé-
rant, capital ; c'est à lui qu'échoient les missions périlleuses de
reconnaître le terrain, d'en photographier les lignes, de découvrir les troupes, de fouiller la campagne pour « repérer » les
positions des batteries allemandes soigneusement dissimulées...

3

de montrer à notre artillerie les buts à atteindre. C'est lui qui surveille les effets du tir et en facilite le réglage, en indiquant par ses évolutions la portée de chaque coup ; c'est lui qui nous protège contre les incursions aériennes ; c'est lui encore qui attaque et qui détruit. Aussi est-elle un réconfort pour tous cette apparition de l'oiseau de France qui passe sur nos têtes en emportant toute notre confiance, notre admiration, nos espoirs...

Mais, soudain, le canon tonne. L'avion a été aperçu de l'autre côté et les pièces, déjà, sont braquées sur lui. Les obus éclatent dans le ciel en laissant derrière eux de petits nuages blancs, floconneux, et très longtemps visibles, qui permettent de suivre aisément le réglage du tir : les coups se succèdent, d'abord éloignés, se rapprochent peu à peu... explosent au-dessus, au-dessous du but, puis tout à côté. Le tir se précise terriblement. L'avion fuit, rapide, comme se jouant des coups. A tout instant il semble être touché... Il pique et se redresse et la lutte se poursuit ainsi, infiniment émouvante, dramatique. Tout à coup un nouvel obus éclate : le nuage blanc l'enveloppe presque entièrement dans le ciel ; il s'abaisse brusquement... Tous les cœurs se serrent et l'angoisse crispe les visages... l'oiseau a-t-il été blessé à mort ? Mais non, il apparaît à nouveau, sa mission accomplie, se redresse fièrement et reprend son vol pour revenir vers nos lignes, dans une auréole de gloire...

II

Ordre a été donné d'essayer par tous les moyens possibles de réduire au silence une batterie allemande qui fait chez nous d'affreux ravages. Déjà un de nos avions a réussi à la découvrir, soigneusement dissimulée derrière un petit bois, enfouie dans un trou et recouverte de paille et de branchages. Il a pu la « repérer » en observant la lueur fugitive des canons pendant le tir, et il lui faut indiquer à nos artilleurs tout prêts à côté de leurs pièces, la portée des coups. Au signal convenu, la batterie ouvre le feu : du haut de son observatoire, l'aviateur en juge les effets. L'obus éclate, mais il est tombé bien en avant de l'objectif : l'avion s'éloigne pour faire comprendre qu'il faut « allonger le tir ». Un second coup tombe en arrière. L'appareil revient vers notre batterie ; le tir a été trop long. Les pièces continuent le feu, les obus sifflent ; l'un d'eux éclate trop à gauche des canons ennemis ; l'avion fait une évolution à droite, aussitôt comprise par les pointeurs qui corrige l'erreur, et le réglage se poursuit ainsi, méthodique et certain.

Un feu de salve ! L'aviateur vole rapidement vers nos lignes ; il laisse tomber des boules blanches très légères qui brillent au soleil ; c'est le signal indiquant que le but est atteint. Nos canons tonnent encore une dernière fois... mais de là-bas on ne répond plus : la batterie ennemie est réduite au silence et ne sémera plus la mort...

III

Pour se reconnaître dans le labyrinthe des tranchées et des boyaux qui forment une sorte de ville ayant ses rues et ses carrefours, des noms ont été donnés : noms officiels de généraux qui ont commandé le secteur, d'officiers qui se sont illustrés sur le terrain, ou noms pittoresques donnés par les « poilus » eux-mêmes. Parmi ceux-ci, il y a la tranchée des « Joyeux », celle des « Trompe-la-Mort », sans cesse battue par les balles. Un poste avancé, tout proche des lignes ennemies vers lesquelles il forme un éperon, et terriblement exposé, porte le nom de « Saillant des Braves » : c'est le poste le plus dangereux où constamment éclatent les bombes et sifflent les balles, qui peut être à tout instant attaqué ou miné et que défendent des mitrailleuses ; des hommes le gardent, le fusil aux créneaux, les regards toujours fixés sur les remblais d'en face... Les niches où s'abritent les occupants de la tranchée ont aussi leurs noms fantaisistes, qu'indiquent des écriteaux : c'est le « Château des Soupirs », l'hôtel « Bon Repos », « l'Abri des Bombes », la villa « Bel-Air » ou souffle la bise ; d'ironiques pancartes mentionnent « Maison à louer », « Salle de bains », « Eau à tous les étages », et dans ces épithètes renaît si près du danger, toute la vieille gaîté française...

Ils sont là, plusieurs « poilus », hirsutes, velus sous leurs vêtements de peaux de mouton, recouverts de sacs et de toiles, lamentablement crottés. Appuyés au talus de la tranchée où suinte l'humidité, ou assis sur les banquettes de tir, leur fusil entre les mains, les pieds dans l'eau épaisse et jaunâtre, ils devisent philosophiquement, sur les malheurs des temps. L'éclatement d'une bombe interrompt parfois leur conversation, mais ils en ont vu tant et tant depuis qu'ils pataugent dans les boyaux boueux, si près des « Boches » que rien ne les émeut plus guère : la mort elle-même, qui a déjà fauché tant des leurs dont les pauvres corps pourrissent noirâtres, au-dessus du talus, ne semble pas les effrayer. « Bon Dieu de bon Dieu, dit l'un d'eux, quand est-ce que tout ça finira ! » — « Allons, t'en fais pas, répond un camarade ! Figure-toi qu' t'es mort, alors... si t'en réchappes, tu seras content ! »

Une balle siffle à leurs oreilles : « Tiens, une hirondelle ! V'la le printemps ! » crie un loustic, et comme il épaule son fusil pour répondre, le plus ancien l'arrête : Tire donc pas, pour qu'ils nous laissent tranquilles un moment... pour causer. »

Tout à coup au pied du talus où ils sont appuyés, une toile, qui masque soigneusement l'entrée d'une niche, s'agite et se soulève, une tête paraît, épanouie, joviale, chaudement emmitouflée dans un épais passe-montagne et une voix solennelle, qui semble sortir de terre, questionne : « Monsieur peut-il sortir de sa maison ? »

Elle est si comique, si inattendue, cette apostrophe, qu'un éclat de rire général le salue. Alors, du trou minuscule sort quelque chose d'énorme, de velu, tout enveloppé de peaux de bêtes et de couvertures. C'est le réveil d'un poilu qui « ne s'en fait pas » !

Un homme passe, portant péniblement dans l'étroit passage une botte de paille destinée à son abri : « T'as donc faim, dit un camarade ? » — « Mais, non, tu vois bien, j'change mes draps ! » Et il continue sa route.

Puis, c'est le cuisinier qu'on interpelle : « C'est-il qu'tu cherches une marmite ou qu'tu veux des pruneaux ?..... Tu d'vrais bien nous servir de la salade de Boches ! » Comme celui-ci se rebiffe sous les épithètes, la discussion s'échauffe et la pire insulte, celle d' « embusqué » est décernée à l'homme qui ne ne se contient plus : « Embusqué, embusqué ? répète donc voir ! Tu crois donc qu'c'est un métier d't'apporter jusqu'ici à bouffer trois fois par jour ! Misère de misère, moi, embusqué ! » Mais, tandis qu'il se lamente, un grognard interrompt : « Il a raison, le gars... car il peut dire qu'il est toujours au feu. » Et les rires fusent gaiement...

Par leur bravoure et leur bonne humeur, ils rendraient jaloux les grognards de l'Empire, nos poilus de 1915.

Plus loin, les tranchées sont occupées par des gens du Midi. Loin de leur clair soleil, grelottant sous l'averse ou la bise glaciale, ils restent, malgré tout, pleins de vaillance et d'entrain, en jetant autour d'eux la note joyeuse de leur accent et de leurs voix chantantes. Pour rappeler le pays ils ont donné aux tranchées et aux abris qu'ils occupent des noms qui leur sont familiers : l'on y retrouve la « rue du Capitoul », le « boulevard des Basques », la « grande rue de Bayonne », en un étroit boyau, et jusqu'aux « Allées de Tourny » où l'on enfonce jusqu'aux genoux ! Et ce sont les expressions locales : « Té ! ils sont braves ce soir, ils ne tirent pas ! » Mais comme une bombe éclate, l'un d'eux s'écrie : « Quand ça tombe, vé, ça semble le tonnerre ! » Un homme passe, à l'heure de la soupe, et de sa voix chantante demande où est le commandant. « Le commandant lui répond un pays, té, il est dans sa niche... il mange la soupe ! »

Ah ! les braves gars !

IV

En vue d'une attaque très prochaine, il est procédé à un réglage de tir sur les tranchées ennemies. Les batteries qui doivent ouvrir le feu, dissimulées bien loin en arrière, sont reliées par téléphone à un poste d'observation, situé dans une tranchée de deuxième ou troisième ligne ; c'est là que se tient l'officier chargé de surveiller le tir, d'en transmettre au fur et à mesure les résultats et d'y apporter les corrections nécessaires.

Notre première ligne de défense étant très voisine de la position allemande, que quelques mètres seulement séparent de nous, ordre a été donné à nos troupes d'évacuer la tranchée la plus avancée de peur que quelques obus, tirés trop court et réservés à nos vis-à-vis ne viennent éclater chez nous au cours du réglage. L'entreprise doit se faire dans le plus grand mystère pour ne pas donner l'éveil à nos ennemis ni leur laisser soupçonner notre départ, qu'ils pourraient être tentés de mettre à profit. Mais, tandis que les hommes quittent un à un la tranchée, en se dissimulant de leur mieux, un « poilu », un vrai, qui porte sur la poitrine plusieurs médailles coloniales et dont

le teint basané reflète tous les soleils d'Afrique, est resté seul
en arrière de sa compagnie qui déjà s'est éloignée : il demeure
là près du poste d'observation, en jetant sur la tranchée qu'il
vient de quitter des regards de regret. On lui commande d'avancer, mais il ne bouge pas. Tout à coup il fait de la main à l'officier observateur stupéfait de tant de crânerie et de désinvol-
ture, signe de venir l'écouter : « Tu ne peux donc pas venir,
lui dit celui-ci ! — Excuse, mon lieutenant, lui répond-il en
s'approchant tranquillement, mais j'vais vous dire... il fau-
drait que je reste ! » — « Tu tiens donc bien à te faire tuer ? »
reprend l'officier. Non, mais des fois qu'les « Boches » n'en-
tendraient plus tirailler de chez nous... ça pourrait leur donner
l'idée d'venir voir... alors j'm'en va leur faire d'la musique ! »
Le lieutenant s'y refuse car l'entreprise est dangereuse, mais
notre homme, insiste, buté... il veut à tout prix retourner
dans sa tranchée et reprendre son poste qu'il lui paraît lâche
d'avoir abandonné... « Eh bien, vas-y puisque tu y tiens
tant... mais à tes risques et périls ! » lui concède enfin son
chef, plus ému qu'il ne veut le paraître, et le vieux brave repart
tout heureux... Bientôt après, l'on entend d'innombrables
coups de feu qui viennent successivement de tous les points de
la première ligne : c'est notre « poilu » qui, à lui seul, sous
une pluie d'obus qui tombent autour de lui, fait plus de bruit,
avec son seul fusil, que la compagnie tout entière...

Le réglage se poursuit : les coups se succèdent, brefs, saccadés, en un lourd ronflement. Un obus éclate entre les deux
lignes avec un grand fracas métallique, en faisant jaillir la
terre de toutes parts. « Allongez le tir de 25 mètres ! » crie au
téléphoniste la voix de l'observateur. Un autre obus vient de
tomber cette fois trop à gauche. « Cinquante mètres à droite »,
corrige l'officier. Après chaque explosion part un ordre, bref,
impérieux, qui modifie aussitôt le tir, le précise, le rapproche
de plus en plus du talus qui protège la tranchée ennemie...
« Comme ça, envoyez ! Cette fois, le coup a porté, défonçant
le talus, bouleversant les terres... Nos pièces sont prêtes pour
la prochaine attaque.

<h2 style="text-align:center">V</h2>

En avant de nos positions, se voit, affreusement crevassée

et ruinée, une vieille tour qui n'a plus de faîte et dont les murs s'ouvrent béants et crénelés, sans cesse battus par la mitraille. Jadis, elle devait supporter les ailes de quelque gai moulin : elle n'est plus aujourd'hui qu'un point âprement disputé du champ de carnage et ses pierres croulantes se dressent, comme un grand calvaire, parmi les morts...

Située sur un monticule, elle domine la plaine et constitue un précieux observatoire où l'ennemi, à tout prix cherche à se maintenir, malgré la proximité de notre ligne. L'ordre est arrivé de la reprendre et pour la conserver ensuite, d'occuper la tranchée qui la défend.

A l'heure fixée, le bombardement qui doit préparer l'attaque commence, furieux. C'est le grand feu, le grand orchestre des 75, des 120 et des 150 qui crachent de toutes parts. L'air est strié de longs sifflements. Mille voix s'élèvent hurlantes, mugissantes. Des rafales passent dans un grand fracas où l'on croirait entendre les aboiements d'une meute en fureur. Sur la position ennemie les obus pleuvent, il se succèdent, se précipitent rapides, implacables : ils tombent sans arrêt, sur une même ligne où ils explosent avec un effroyable bruit de métal qui se brise, de fer qui se déchire, de mitraille qui s'envole, formant un épais rideau d'acier, de fumée et de feu ; ils éventrent le sol, labourent les terres, les projettent en tous sens, tandis que dans les airs les shrapnels éclatent, en nuages blancs, arrosant les tranchées d'une pluie de balles.

Soudain le rideau de destruction s'éloigne et les obus tombent derrière la première ligne ennemie : le tir s'est allongé pour permettre à nos troupes d'avancer.

C'est l'instant angoissant de l'attaque, le moment terrible où les hommes doivent quitter l'abri de la tranchée pour s'élancer à découvert, face à la mort... « En avant, mes enfants... pour la France ! » C'est la voix ferme du capitaine ; le premier, il s'est dressé sur le talus de la tranchée, et là, très crâne, une badine à la main, il entraîne ses braves. Tous partent... Ils courent à travers les terres défoncées, semées de trous d'obus où gisent tant de corps déjà... Ils avancent malgré tous les obstacles... Déjà les premiers d'entre eux n'ont plus que quelques mètres à franchir pour atteindre le but ; mais tout à coup, la fusillade crépite devant eux, les coups précipités des mitrailleuses se font entendre... Des hommes tombent et roulent à terre pour ne plus se relever, d'autres touchés à mort mais emportés par leur élan font encore quelque pas... puis s'effondrent brusquement... Rien n'arrête nos braves et ils avancent toujours. Pour se préserver des balles, il leur faut maintenant se baisser, ramper, s'abriter derrière les moindres accidents de terrain, les mottes de terre qui forment saillie, se dissimuler dans les trous d'obus et ne progresser que par bonds... Mais déjà, le bruit de l'éclatement des bombes dont les nôtres arrosent la tranchée ennemie, nous apprend que la position est conquise. La vieille tour où quelques hommes se sont élancés, est entre nos mains! Sa prise, hélas, est chèrement payée car le destin implacable veut que le brave des braves qui a conduit si brillamment l'attaque, soit tué d'une balle en plein front, sur les pierres croulantes...

VI

Un saillant de la position ennemie menace constamment nos lignes du feu de ses mitrailleuses. Pour arriver jusqu'à lui et le détruire, une galerie de mine est creusée. Partant de nos tranchées, elle s'enfonce déjà profondément dans le sol, mais il faut l'achever en hâte avant que les « Boches », qui avancent eux aussi sous terre, ne parviennent jusqu'à nous. Lutte passionnante et terrible où la victoire est au plus actif mais où la mort certaine dans l'obscurité de la mine, attend les vaincus.

Sans répit, nuit et jour, les sapeurs travaillent. La besogne est rude ; l'avancement ne peut se poursuivre que lentement dans l'étroit couloir qui ne livre passage qu'à un homme à la fois. Accroupi sur lui-même, à demi nu, ruisselant de sueur et haletant sous l'effort, il attaque toujours plus avant les terres à coups de pioche précipités, puis, à bout de forces, il s'arrête et jette son outil au suivant qui aussitôt poursuit le travail. Les autres, pendant ce temps, entassent dans des paniers d'osier les déblais provenant de la fouille et vont les porter loin de l'entrée de la galerie, afin de ne pas donner l'éveil à l'ennemi qui sans cesse nous épie ; puis des cadres de bois sont placés au fur et à mesure dans la galerie pour soutenir les terres et empêcher les effondrements.

On étouffe dans l'air qui se raréfie. Il faut se courber pour

avancer en tâtonnant à la lueur des bougies qui, privées d'oxi-
gène, éclairent à peine et dont les petites flammes bleues semblent se mourir... Parfois elles s'éteignent ; une violente poussée d'air se fait sentir et la mine est plongée dans la nuit : c'est
une bombe qui éclate au dehors, dans la tranchée, avec un
grondement sourd... Puis, tout retombe dans le silence. On
n'entend plus que des chuchotements étouffés, les ordres se
transmettent à voix basse, les coups de pioches sont amortis :
nul bruit n'est toléré pour ne pas donner l'éveil à l'ennemi qui
s'avance lui aussi sous terre, tout à côté de nous.

Sur un signe du chef d'équipe, soudain, tout s'est arrêté ; la
pioche cesse de creuser et les hommes écoutent, immobiles,
silencieux, l'oreille collée aux parois de la galerie. « Ils sont là,
je les entends ! » murmure un sapeur en montrant le haut de
la mine. En effet, des coups sourds sont frappés, indiquant que
l'on creuse au-dessus. La position est bonne, car il faut ici
toujours « avoir le dessous » pour pouvoir faire sauter son
voisin en « camouflant » sa galerie. « Allons, les gars, reprend
le chef d'équipe, à l'ouvrage ! Faut en mettre pour arriver avant
eux ! » Et les mineurs, en hâte, se remettent au travail qui se
poursuit, continuel, méthodique, jusqu'au bout...

Aucun de ces héros obscurs et magnifiques, qui travaillent
dans la nuit au salut du pays ne songe aux dangers qui toujours
le menacent... à l'explosion terrible qui déchiquette les corps...
à l'affreuse agonie du sol qui vous écrase... à l'effroyable mort
dans l'ombre de la mine...

Après bien des jours de labeur, la mine est terminée. Elle se
prolonge maintenant sous la position ennemie. Les poudres ont
été apportées, les fourneaux disposés et le bourrage, qui doit
fermer la galerie et empêcher les effets de l'explosion de se
faire sentir jusqu'à nous, a été construit. Tout est prêt et un
seul tour de la magneto, dont le fil a été préalablement relié
aux poudres, suffira pour déterminer l'effroyable secousse.

L'ordre a été donné d'allumer le fourneau ; c'est à un tra-
vailleur de la mine qu'en revient l'honneur. L'instant est solen-
nel... La magnéto est mise en marche... au même instant un
grondement sourd sort des profondeurs du sol et un choc violent fait trembler les terres qui s'entr'ouvent et s'envolent en un
épais nuage de fumée, puis retombent en s'écrasant.

4

Il ne reste plus rien à présent du saillant ennemi qui s'avan-
çait menaçant vers nos lignes, qu'un vaste trou béant formant
entonnoir. Les terres éventrées, affreusement bouleversées, lui
donnent l'aspect d'un immense cratère, qui serait venu s'ouvrir
là après une formidable éruption volcanique. Notre position
le domine ; tout autour, au milieu des débris de toutes sortes,
gisent des corps brisés, déchiquetés... Auprès de l'un d'eux
quelque chose se meut : c'est une tête qui apparaît et disparaît
derrière une motte de terre... on entend des plaintes, des
appels étouffés... Un malheureux est là, à demi enseveli : on
l'aperçoit, le corps enfoui jusqu'à la ceinture, qui cherche à se
dégager en creusant la terre de ses mains, il est blessé, son
visage est sanglant. Alors, de nos lignes, d'où aucun coup de
feu n'est parti, un lieutenant l'interpelle... Il lui crie que ses
camarades peuvent venir le chercher, que l'on ne tirera pas...
Au bout de quelques instants apparaissent, en effet, un aumônier, ceint d'une écharpe, puis un brancardier : ils vont vers le
blessé et commencent à le dégager. Et, pendant ce temps, les
fusils se taisent, le silence succède au fracas de la lutte. Devant
la détresse de ce malheureux, les haines, un instant, se sont
apaisées et un grand souffle d'humanité passe sur le champ de
carnage... Des deux côtés, les têtes se sont dressées, sans
crainte, au-dessus des tranchées, les regards se sont rencou-
trés, s'observent curieusement. Et les yeux de ces hommes,
qu'animent les massacres, pour la première fois se contemplent
sans haine...

L'homme est dégagé, Il a une affreuse blessure : un pied a
été arraché et la jambe pend, sanglante... On l'emporte. Alors
deux officiers allemands sortent de la tranchée, se dressent et,
face à nos lignes, immobiles, l'arme au pied, saluent militaire-
ment. Et pendant longtemps encore la fusillade ne se fait pas
entendre.

<h2 style="text-align:center">VII</h2>

Au matin, l'ordre avait été donné d'occuper une tranchée
ennemie qui se dessinait, toute proche, face à la nôtre. Lors de
la dernière attaque, un barrage avait été élevé pour fermer le
boyau qui réunissait les deux lignes. Une partie des hommes
devait s'avancer par ce même boyau, tandis qu'une colonne

partirait à découvert pour aller retrouver les premiers dans la position conquise.

Le barrage en hâte a été renversé. Les braves se sont élancés vaillamment... Mais, soudain, devant eux une mitrailleuse est apparue, battant l'étroit couloir de son feu meurtrier, y faisant de terribles ravages. Les premiers sont tombés... d'autres accourent derrière eux : il sont impitoyablement fauchés... d'autres encore les suivent et sont abattus... Il est impossible d'avancer : les corps qui s'accumulent font un mur sanglant que l'on ne peut franchir... Et, pendant ce temps, la colonne d'attaque est partie à découvert : sous une pluie de mitraille, elle est parvenue à la tranchée ennemie où elle a disparu et où elle doit se trouver maintenant, cernée, isolée, attaquée de toutes parts et privée de toute communication avec nous. De tous les hommes qui sont partis à l'assaut, aucun n'est revenu. Le plus effrayant mystère plane sur eux. Que sont-ils devenus ? Auront-ils pu se défendre, s'organiser et tenir malgré les bombes, les grenades et le feu de l'ennemi tout proche. Nul ne le sait. A tout prix, il faut les secourir ! Comme on ne peut le faire au grand jour, car les mitrailleuses ont été braquées et la fusillade crépite terriblement, arrosant le terrain, on les rejoindra sous le sol, en creusant un boyau d'acheminement qui ira jusqu'à la tranchée occupée. C'est l'affaire des sapeurs du génie.

Avec quelle hâte fébrile ils se mettent à l'ouvrage ! Par suite de la proximité de l'ennemi et du danger constant que présente son feu, il ne faut travailler qu'en sape. L'un deux — car il n'y a place que pour un dans le boyau qui s'ouvre — courbé, accroupi, presque rampant, attaque, à coups de pioche, les terres, que le suivant recueille et jette au-dessus de lui pour en faire un talus protégeant des balles. Sans répit, ils creusent en avançant ; la mitraille tombe autour d'eux... rien ne les arrête. Au plus vite, il faut sauver les camarades ! Ils savent que chacun de leurs efforts les rapproche d'eux, que chaque minute gagnée peut sauver une vie... retarder une agonie. Aussi comme elles s'écoulent poignantes ces minutes !

Tout à coup, un homme venant de la direction des lignes ennemies, vient s'abattre dans la sape. C'est un de ceux qui ont pris part à l'attaque. Il a le bras traversé par une balle, sa

capote est couverte de sang. Blessé à l'assaut, il a pu se réfu-
gier dans un trou d'obus et de là ramper jusqu'à nous ; mais il
ne sait rien des autres partis devant lui et qu'il n'a plus revus.

Le travail reprend, acharné, continuel. La nuit est venue
cependant et on creuse dans l'ombre. La fusillade s'est faite
plus intense, les balles sifflent de toutes parts et une pluie glaciale, poussée par le vent, s'est mise à tomber. Les sapeurs
sont ruisselants d'eau et piochent dans la boue...

A nouveau, un homme sort de l'ombre et arrive sur les travailleurs. Blessé lui aussi, au cours de l'attaque, il est resté
couché, immobile parmi les morts, là où il était tombé et a pu
s'échapper à la faveur de la nuit... Il chancelle et balbutie en
désignant la direction d'où il vient et vers laquelle on s'acharne :
« il y en a d'autres, par là ! »

En effet, l'on entend bientôt des cris étouffés... des appels...
ils sont là encore, vivants ! La pioche s'abat plus rapide dans le
sol. Des voix s'élèvent, plus proches... ce sont des plaintes, des
râles... puis un nouvel appel se fait entendre plus distinctement.
Alors un des sapeurs, lâchant son outil, se dresse fièrement
au-dessus du talus protecteur et, debout, le buste entier exposé
aux balles, il s'écrie d'un voix où vibre toute sa mâle énergie,
toute son âme de soldat : « Courage, les gars, on arrive ! » Il a
à peine le temps d'achever. Une balle le frappe en plein cœur...
On l'emporte sans cesser le travail.

Et toujours on avance... il n'y a plus maintenant que quelques
mètres à franchir. Dans la nuit on distingue des ombres qui se
meuvent parmi des masses sombres, étendues et ne bougeant
plus... Mais les « Boches » sont là aussi, tout près ; à coups de
grenades et de bombes, ils s'efforcent d'atteindre les nôtres. L'une
d'elles vient tomber dans le boyau : elle n'a pas explosé. Vive-
ment un des travailleurs, sans souci du danger auquel il
s'expose, la ramasse et la lance vers la tranchée ennemie où
elle éclate avec un grand bruit. D'autres encore sont envoyées :
un homme est atteint grièvement, mais il veut rester là et
refuse de se laisser emmener. Des voix partent de la position
allemande : « Rendez-vous, Français, rendez-vous ! » Alors,
de cette loque humaine et sanglante, qui vient d'être frappée,
part un cri, un chant, la *Marseillaise* que les autres reprennent.

Le jour va paraître. Il ne reste plus que quelques blocs de terre à dégager. Les voix s'interpellent, les appels se croisent... ils sont encore là une vingtaine et plusieurs blessés qui ont pu tenir et qui, exténués, mourants, mais debout quand même, se pressent vers l'étroit boyau enfin ouvert devant eux... vers le salut !...

Six jours après cette attaque, on entendit à nouveau des plaintes et des appels. Une sape fut creusée, allant jusqu'à l'endroit d'où partait les cris. Là, dans un trou d'obus, auprès d'un cadavre, un homme vivait encore, le bras et la jambe traversés par une balle. Il avait pu résister pendant tout ce temps à la faim, à la soif, aux nuits glaciales, à la pluie, sans souci du sang qui coulait de ses blessures. Quand on le secourut, il voulut se mettre debout et demanda une chique...

CHAPITRE III

I

Au-dessus du pays noir, et le dominant de toutes parts, s'élèvent de hautes collines dont nous occupons le plateau. De leurs sommets boisés, toute la région se découvre, avec ses innombrables puits, ses cités, ses villages, et la vue s'étend au loin, à l'infini, dans l'horizon brumeux. Elles courent de l'est à l'ouest, puis s'infléchissent brusquement vers le nord en formant un énorme saillant, dont les pentes abruptes et escarpées descendent vers la plaine. C'est ce saillant avancé et dressé comme une citadelle formidable au milieu de l'immense champ de bataille que nos braves, acharnés après sa défense depuis plus de six mois, ont appelé l' « Eperon infernal ».

De ses crêtes, se dessinent à perte de vue de longs sillons qui ondulent et serpentent à travers les campagnes et constituent nos lignes. En face d'elles, toutes proches et hérissées de fer, se devinent les lignes allemandes.

Nous occupons les hauteurs creusées de tranchées profondes qui les défendent, mais l'ennemi est là, dans la plaine, au pied de la colline, retranché dans un village qui n'est plus qu'un amas de ruines et cherchant sans cesse à escalader les pentes pour venir attaquer.

Sur le flanc de l'Eperon, il a creusé des boyaux qui s'avancent jusqu'à nous. Ses assauts ont toujours été repoussés, mais sans cesse il revient, espérant nous surprendre. Comme un fauve qui ne veut point lâcher sa proie, il s'agrippe sur le roc, se cache dans les ravins, se glisse à la faveur des nuits noires pour s'élancer vers nos lignes, où notre feu soudain l'arrête.

Pour se venger de ses insuccès et dans l'espoir de nous déloger, il dirige sur nos positions un bombardement continuel et furieux. Nuit et jour, les obus sifflent et éclatent, bouleversant les terres, démolissant les tranchées et éventrant les abris. Partout le sol est labouré, parsemé d'innombrables trous, jonché de débris ; les moindres arbustes sont hachés ; çà et là des corps gisent sanglants et mutilés.

C'est sur ce sommet que luttent nos braves.

II

Ici les tranchées sont creusées dans le roc. Elles s'étagent en plusieurs lignes sur chaque crête, formant comme d'immenses balcons d'où l'on domine, surveille, la plaine. Des parapets, construits avec des sacs à terre, les protègent des balles et, par les créneaux qui ont été aménagés, les sentinelles veillent constamment, le fusil à la main. Pour les mettre à l'abri des marmites qui tombent presque sans répit, des niches, des trous ont été creusés dans la pierre ; là, les hommes se tiennent accroupis ou couchés, roulés en tas, enveloppés dans leurs couvertures, et dorment à poings fermés pour se reposer des fatigues des veilles ; d'autres, groupés autour de quelque mauvaise caisse, sont engagés dans la plus intéressante partie de cartes ; d'autres encore, appuyés sur leurs sacs, attentifs et sérieux, les yeux semblent perdus dans la vision de quelque foyer lointain, s'efforcent de tracer sur des cartes ou de pauvres feuilles de papiers jaunies des lettres qui s'en iront porter aux êtres chers un peu de réconfort et de joie...

Ici encore, l'ingéniosité toujours en éveil du soldat a donné à ces abris les noms les plus pittoresques : il y a la « Villa des Marmites « souvent exposée aux obus, la « Villa des Abeilles » autour de laquelle sifflent les balles avec un bruit de gros frelons. Une niche porte l'enseigne belliqueuse du « Tueur de

Boches. » Une autre, où des éclats de bombes et des débris de fonte ont été réunis, s'intitule pompeusement le « Musée des Crapouillots »... Un dépôt de munitions porte le nom de « Kolossale artillerie »... Et dans ces épithètes ironiques ou joyeuses éclate toute la belle bravoure de ces hommes, empreinte d'insouciance, de gaîté, de mépris du danger, faite d'une douce philosophie, d'une aveugle résignation dans l'accomplissement du devoir, d'une acceptation presque sereine des privations, des souffrances... de la mort elle-même.

Si parfois, en arrivant aux tranchées, ils témoignent de quelque inquiétude ou de quelque surprise, ils se ressaisissent lorsqu'ils ont entendu pendant quelques heures l'éclatement des obus et le sifflement des balles. Bien vite ils se familiarisent avec le danger qu'ils voient de près, et, comme disait un ancien à un bleu qui pour la première fois montait aux tranchées : « Faut pas te frapper..., la première fois, ça vous fait tout de même quelque chose... puis, on s'y fait et, quand on redescend, ça vous manque ! »

III

Sur l' « Eperon infernal », les obus pleuvent... Ils passent en rafales, viennent tomber sur le roc et y éclatent en un fracas terrible : les pierres volent en éclats, la terre tremble et des nuages de fumée noire, chargée de poudre, montent vers le ciel...

Pendant plusieurs heures ils se succèdent rapides et continus... puis le calme revient et l'on peut s'avancer à travers les boyaux bouleversés.

Partout des abris effondrés, offrent d'affreuses visions. L'un d'eux a été traversé par un obus et, dans un amas de terre et de débris de bois, apparaissent des membres humains déchiquetés, des têtes tuméfiées et meurtries, des jambes et des bras mutilés, des morceaux de chair sanguinolents... ; quatre hommes qui reposaient là ont été broyés. D'autres ont été ensevelis vivants sous les décombres, d'où on les retire à grand peine ; ils sont couverts de terre et de boue, leurs vêtements sont en lambeaux ; ils demeurent immobiles et figés avec des yeux hagards d'épouvante...

Plus loin, un petit soldat, tout jeune, est accroupi au milieu du boyau. Un éclat d'obus lui a coupé les deux jambes et il n'a plus qu'un souffle de vie. Doucement il se lamente d'une voix plaintive et mourante. On veut l'emporter : « Oh ! non, ne me touchez pas... » murmure-t-il. Sa figure se crispe, pâlit affreusement... il est mort.

Des corps sont là, un peu partout, et que l'on heurte en passant... on ne sait s'ils sont vivants ou morts... L'un se trouve allongé dans la tranchée, la face contre terre. C'est un blessé qui sanglote dans sa douleur : « Mon Dieu... ma mère, ma mère... » Et ce cri d'enfant est affreux à entendre dans la bouche de cet homme qui agonise? On l'emporte, enroulé dans une couverture, et toujours de sa voix qui s'affaiblit, il implore sa mère...

Tout le long du talus, pour laisser libre le passage, des cadavres ont été déposés : ils sont placés côte à côte, raidis, tuméfiés, meurtris, et l'on avance au milieu d'eux comme entre deux murs.

Des civières passent, heurtées, secouées, ballottées à chaque tournant, et que les brancardiers emportent à grand peine dans les boyaux trop étroits... des cris de douleur, des plaintes s'en échappent et les linges sanglants laissent entrevoir d'affreuses plaies, des membres mutilés et de pauvres visages que blêmit la souffrance. Des hommes s'en vont tout courbés, marchant péniblement avec des bras en écharpe, des fronts bandés, des capotes toutes maculées... Et toujours les civières passent... Sur l'une d'elles, il n'y a plus qu'un tronc... les jambes ont été emportées par un obus. Une autre ne transporte plus que des débris informes, enveloppés dans un sac...

On fouille un abri où s'étaient réfugiés des hommes au moment du carnage, mais les malheureux ont été projetés au loin et on ne retrouve, au milieu des terres, que des vêtements déchiquetés et des morceaux de membres...

Mais déjà nos « poilus » se sont ressaisis. Ils ne songent plus à la mort qui les entoure et à laquelle ils viennent d'échapper et sortent de leurs trous, en se secouant : « Tiens, dit l'un d'eux, en regardant le ciel, il ne pleut plus... on peut sortir ! »

Un autre, bâillant et s'étirant, de crier : « Ils m'ont empêché de dormir. » — « Te plains pas, répond en riant un camarade. Tu aurais peut-être bien pu n'jamais te réveiller ! » Admirable insouciance et mépris du danger !

Un brancardier passe auprès d'un homme qui sort d'un abri
à moitié démoli : Sors donc ta peau de là, lui crie-t-il, autrement j'aurai trop de mal à la sortir... »

Plus loin, un tout jeune soldat est adossé au parapet d'une
tranchée; bien enveloppée dans une couverture, il semble dormir. Un sous-officier l'aperçoit et veut le réveiller en lui frap-
pant l'épaule.

Alors, un poilu, qui de loin regardait philosophiquement la
scène, intervient : « Vous pouvez bien l'appelez si vous voulez,
sergent, mais j'suis sûr qu'il n'vous répondra pas... car il
est mort ! »

Devant le barrage où finissent nos lignes, veille une sentinelle. A ses pieds est un cadavre qui repose couché sur le dos,
le regard vitreux fixé vers le ciel, et qui tient encore entre ses
doigts crispés la crosse d'un fusil. De faction pendant le bombardement, il n'a pas quitté son poste: un éclat d'obus l'a
frappé à la tête, il est tombé en brave, face à l'ennemi, et aussitôt son camarade est venu le remplacer. Celui-ci, tristement,
déclarent à ceux qui l'entourent: « Il savait bien, l'pauvre
gars, qu'il tomberait aujourd'hui, il nous l'avait dit à tous et
pourtant c'était pas un froussard... Et, tenez, la preuve,
ajoute-t-il, en nous montrant un pauvre portefeuille et des papiers jaunis, c'est qu'il m'a confié ça... avec sa montre et tout
ce qu'il avait... pour sa famille... car je l'connaissais bien,
on s'était pas quitté depuis l'commencement de la campagne,
aussi ça fait quelque chose de le voir là... » Il essuie furtive-
ment une larme, puis brusquement, comme honteux de sa
faiblesse, il se redresse vers le créneau où est son poste et
déclare : « Tout de même, c'est pas ça qui doit empêcher de
faire son devoir... n'est-ce pas?... bien au contraire... »

Maintenant, ce sont nos pièces qui tonnent. Elles ont une
allure de fête et leur fracas éclate triomphant. Les têtes se
redressent pour essayer de voir où tombent les obus. Et les
anciens disent fièrement aux bleus qui, ne reconnaissant pas
encore les coups, semblent s'effrayer et courbent la tête à chaque sifflement : « Ça, c'est d'chez nous, les gars ! »

Partout la gaîté renaît : « A leur tour maintenant ! » se dit-
on, joyeux ! Et la vie reprend dans la tranchée, malgré les
pauvres corps, qui sont encore là, en tas, hâtivement recou-

verts de toiles, et les petites croix de bois qui indiquent avec la seule mention : *Ci-gît un brave*, le lieu où ont été déposés les restes de quelques malheureux... Des groupes se forment où l'on échange les impressions du jour, où se racontent en plaisantant les dangers courus... et les jeux reprennent... jusque dans la tranchée de première ligne, où bat son plein une joyeuse partie de bouchons.

IV

Tout en avant de nos lignes, à l'extrémité de l'Eperon est un poste d'observation qui domine le village tout proche occupé par l'ennemi et qui est surnommé le « poste de la mort ». Accroché comme un nid d'aigle sur une pente abrupte, presque isolé, c'est l'objectif préféré des batteries allemandes qui l'arrosent constamment d'une pluie de fer et de feu.

Un sentier qui descend parmi les rocs et les pierres y conduit, mais il faut se coucher, presque ramper, pour y arriver car une mitrailleuse, placée dans une maison du village, en inonde les abords à la moindre alerte. Un talus, un parapet de sacs à terre, sans cesse démoli et reconstruit, en constituent toute la défense et toute la protection.

Sous les rafales de mitraille, des hommes veillent là pourtant afin d'observer l'ennemi et de prévenir ses attaques.

Un matin, comme chaque jour, on vint les relever. Un seul était debout et, parmi les morts couchés autour de lui un peu partout, il veillait, attentif, devant son créneau...

V

Nous sommes au poste téléphonique qui relie les différents points de nos lignes et où convergent toutes les nouvelles, tous les commandements. Il est formé d'un abri creusé dans la terre et recouvert de branches et de feuillage. Une sentinelle en garde l'entrée. Quatre soldats téléphonistes sont là constamment en éveil devant les appareils, dans l'attente des ordres qui peuvent à tout instant être lancés. La nuit est venue : le poste, qu'une seule bougie éclaire, est plongé dans l'ombre ; dans l'un des coins un foyer a été dressé et une bûche fumeuse achève de se consumer. Au dehors, la fusillade s'est calmée et un grand silence règne sur les positions...

Soudain, un appel retentit. Un des hommes se dresse et saisit le récepteur. Attentif et recueilli, il écoute et répète à voix basse la communication : « Prévenez les différents secteurs que nous attaquerons à dix heures ».

Cet ordre est aussitôt transmis par les autres appareils aux différents postes, puis tout retombe dans le silence...

Tout à coup la fusillade éclate, sonore dans la nuit claire. Il est dix heures : l'attaque est déclanchée. Une compagnie est partie à l'assaut ; on entend le crépitement des fusils, le claquement précipité des mitrailleuses. Ah ! comme ils frappent douloureusement au cœur ces coups qui doivent faucher tant de nos pauvres gars que l'écho répète... En arrière nos pièces se mettent à tonner. Dans le fracas de la lutte toute proche, les appels retentissent dans le poste, les ordres se croisent et l'on peut suivre toutes les phases de l'action : « Dites à l'artillerie d'allonger son tir. » — « Activez l'envoi des munitions ». Puis, tout à coup, un commandement bref, impérieux : « Un projecteur ennemi nous a repérés, donnez à l'artillerie ordre de le démolir au plus vite ». Le tir reprend plus furieux, faisant trembler l'abri. Les mains crispées sur leurs appareils, l'oreille collée aux récepteurs, les téléphonistes peuvent à peine entendre, tant le vacarme est grand.

Dix heures dix. On doit être au plus fort de la lutte. La fusillade devient plus intense. « Allo, allo ! » appelle le poste, mais personne ne répond. L'appareil ne fonctionne plus : un fil doit être coupé... bien vite il faut aller le réparer... rétablir la communication et un homme sort dans la nuit, sous une grêle de balles...

A tout instant une voix interroge : « Avez-vous du nouveau ? » C'est la voix du commandant du secteur qui s'informe. Chaque fois la demande est transmise au poste le plus voisin de l'attaque : « Non, rien encore ; le capitaine est sur le terrain » répond-t-on... et les minutes s'écoulent si douloureuses et si lentes dans l'angoisse de l'attente... « Allo, allo ! » C'est un nouvel appel. « On aperçoit dans le village occupé par l'ennemi des lumières et des rassemblements qui se forment. Donnez l'ordre à l'artillerie de tirer dessus ! » Un violent feu de salve presque aussitôt répond.

Un temps et le téléphoniste interroge : « Avez-vous du nouveau ? » — « Non, rien d'officiel. Le capitaine n'est pas encore là. » Puis, plus bas, la voix reprend : « Dis donc, ça chauffe, mais on dit que tout marche bien ! » — « Alors, il y a du bon, s'écrie l'homme en se tournant vers ses camarades, passez-moi la gourde ! » Et la gourde circule de mains en mains. « Dis donc, dit l'un d'eux si on prévenait le commandant ? » — « Non, répond l'autre, puisqu'on te dit qu'il y a rien d'officiel ». — « Baste, répond le premier, dis-lui toujours... c'est un chic type... ça lui fera plaisir... » Et le renseignement est envoyé.

Après un moment d'accalmie, la fusillade reprend et un nouvel ordre est donné : « Dites à l'artillerie de faire un tir de barrage pour arrêter les réserves et prévenir une contre-attaque ».

De tous côtés maintenant les appels se font entendre : « Où en est l'attaque ? » — « Le capitaine est-il revenu ? » — « Quelles sont les nouvelles ? » Mais l'homme, qui se tient à l'appareil le reliant au poste d'attaque, ne répond plus... Il écoute, attentif au moindre bruit, retenant son souffle, puis tout à coup, il fait un signe... les regards se fixent vers lui, interrogateurs, anxieux. « Allo ! le poste téléphonique ! » C'est enfin la voix du capitaine ! « Dites au commandant que l'attaque a réussi... la tranchée est prise ! » La nouvelle en un instant est transmise... Alors, parmi ces hommes dont l'attention est demeurée fixée longtemps à l'accomplissement de leur devoir, une détente se produit ; les langues se délient, les rires fusent... « C'est bath, tout de même, dit l'un deux ! » — « Tu parles... ce qu'ils ont dû prendre les Boches ! » — « Tiens, puisqu'on les a eus, j'bourre ma pipe... pour la peine ! » s'écrie un ancien. « On va boire encore un coup ! Passe-moi le bidon... » dit l'autre... et la gourde se vide avec un glouglou réjouissant dans les gosiers secs.

L'homme, qui était parti pour effectuer la réparation des fils, rentre dans l'abri, son pénible travail accompli, il n'a plus aucun souci des dangers courus. Prenant une buche qu'il lance au foyer demi-éteint, il s'écrie : « On va faire un feu de joie ». Puis, s'adressant aux camarades : « Allumez-donc les camoufles, vous autres... qu'on illumine ! » Alors, quelques pauvres bougies s'allument, la bûche se met à pétiller dans l'âtre et la joie éclaire tous les visages de ces braves sur qui vient de passer un souffle de victoire...

VI

On annonce l'arrivée de neuf prisonniers. Comme il n'est pas pour nos hommes de joie plus grande, ni de spectacle plus réconfortant que la vue d'Allemands encadrés par les nôtres, tous sortent des abris et se précipitent vers l'issue du boyau par où doit arriver le convoi. L'attente est longue et les racontars vont leur train; de bouche en bouche l'événement se grossit démésurément. Des voix, où chante l'accent du Midi, annoncent l'arrivée d'une section tout entière... puis d'une compagnie ayant à sa tête un officier supérieur... Si l'impatience se prolonge, il sera bientôt question d'un général en chef.

Enfin, des hommes débouchent de l'étroit couloir ; ce sont des blessés qui ont pris part à l'attaque. Ils sont tout sanglants avec des fronts bandés ou des bras en écharpe, mais la joie éclaire leurs visages. Ils ont tenu à accompagner les prisonniers qu'ils viennent de faire et passent fièrement devant les troupes qui les acclament.

Puis, escortés de soldats baïonnette au canon, les « Boches » apparaissent, des hommes de tout âge, quelques-uns très jeunes, tous également couverts de boue et misérables sous leurs capotes grises dépenaillées ! Ils sont coiffés de passe-montagnes ou de calots bordés de galons rouge. Leurs visages sont pâles et défaits, mais ne réflètent aucun abattement, aucun effroi. Plusieurs d'entre eux sourient. Avant tout, ils sont heureux d'avoir échappé à la mort. La captivité ne présente-elle pas pour eux le moindre mal qu'ils puissent souhaiter, en leur apportant la vie sauve, la fin des privations, des menaces et des dangers, l'apaisement, presque le repos...

On compte les prisonniers : ils ne sont que sept. L'un de ceux qui les accompagnent déclare : « Il y en avait un qui ne voulait pas avancer... alors... » Et il achève par un geste expressif..

Des groupes se forment, on s'empresse autour des « Boches », les hommes les regardent curieusement, mais sans haine, en échangeant les impressions les plus diverses. Tandis qu'on les emmène, quelques cris moqueurs se font entendre.

Alors un ancien pris de pitié pour ces malheureux, que l'on pousse dans la nuit et qui s'en vont trébuchant, déclare avec autorité : « Après tout, c'est des pères de famille comme nous... C'est pas de leur faute tout ce qui arrive. » Ces simples mots suffisent aussitôt à éveiller toutes les compassions. « Il a raison, dit l'un. » — « C'est vrai tout de même » murmure un autre après réflexion. Tous approuvent bientôt avec cette étrange mobilité du sentiment populaire, si prompt à s'enflammer ou à s'attendrir, et ceux-là mêmes, qui, un instant avant, s'étaient montrés les plus gouailleurs et les plus exaltés, s'approchent des prisonniers et s'efforcent de se faire comprendre d'eux par les mimiques les plus pittoresques; en s'apitoyant, ils se dépensent avec le plus grand zèle pour leur distribuer du tabac, des morceaux de pain aussitôt dévorés, ou leur verse à boire dans des quarts...

Et lorsqu'une fois restaurés, les prisonniers sont questionnés sur leurs origines, l'un se déclare Alsacien, le second affirme être Suisse, les autres Polonais : aucun ne veut se dire Allemand...

VII

Par une attaque de nuit, l'ennemi a réussi, en surprenant les nôtres et en les inondant de grenades et de bombes, à avancer dans une de nos tranchées. Il a été arrêté et un solide barrage, construit en hâte sous un feu meurtrier, l'a empêché de progresser plus avant. Mais il faut reprendre le terrain qui nous a été enlevé. L'ordre est général et formel : tout régiment qui perd une tranchée doit la reconquérir. Plusieurs assauts déjà ont été donnés, qui nous ont permis de regagner du champ; il reste à enlever encore quelques arêtes de terrain, fortement organisés et défendus... On attaquera l'ennemi par surprise, ainsi qu'il a agi lui-même.

Il fait nuit noire quand l'ordre d'avancer est donné. A la hâte, les hommes escaladant les courtes échelles appuyées au talus et sautent au-dessus du parapet. Des grenadiers porteurs de bombes les précèdent, sous le commandement du sergent qui marche en tête. Ils se glissent sans bruit, à la faveur de l'ombre, courbés, presque rampant, en se dissimulant dans chaque trou d'obus, derrière chaque pli de terrain. Un grand silence plane sur la tranchée ennemie, d'où ne part aucun coup de feu et où l'on semble dormir. Nos braves avancent toujours... Leurs ombres se détachent à peine sur le terrain bouleversé... Il ne leur reste que quelques mètres à franchir et l'éveil n'a pas été donné: la réussite semble certaine. Mais soudain, une explosion déchire l'air, était suivie d'un affreux cri de douleur... Presque aussitôt des positions allemandes, la fusillade éclate, saccadée, ininterrompue: les mitrailleuses crépitent .. Toute avance est rendue impossible. Nos hommes ne peuvent tenir et sont obligés de rentrer dans nos lignes...

La fatalité a fait que le sergent de tête ait été frappé par l'éclatement d'une bombe au moment où, le but atteint, la victoire allait être à nous : le cri que le blessé n'a pu réprimer, a donné l'éveil à l'ennemi... Nos braves, la rage au cœur, ont dû se replier, mais ils se tiennent prêts pour une prochaine attaque.

VIII

C'est le jour de Pâques...

Dans un bois tout proche du front, au pied d'un arbre, un autel de fortune a été dressé. Des palmes et des branches le décorent et, derrière le grand christ qui le surmonte, flotte des drapeaux tricolores.

Tout autour, formant un vaste cercle, les hommes se sont groupés et se tiennent respectueusement debout, la tête découverte, silencieux, recueillis. Ils sont venus infiniment nombreux de tous les coins du bois où ils sont campés : tous ceux que le service ne retient pas aux tranchées, officiers de tous grades, soldats de toutes armes dont beaucoup portent encore l'empreinte de la nuit passée au feu, infirmiers, brancardiers et jusqu'aux blessés, enveloppés de linges maculés de sang, sont accourus pour assister à cette messe de soldats.

Tandis que le canon tonne et que se fait entendre le sifflement des obus et la fusillade éloignée, l'aumônier au pied de l'autel récite des prières saintes auxquelles répondent deux prêtres-soldats. D'une voix ferme, il lit l'évangile de gloire et de résurrection, puis il se tourne vers l'assistance et parle de la guerre devenue sacrée contre les destructeurs d'églises ; il invoque tous les saints protecteurs du pays, il appelle le secours de Jeanne la Pucelle, dont sa grande âme nous conduit et nous guide pour bouter hors de France les hordes teutoniques, et parle des sacrifices et des souffrances qui, acceptés par tous, nous donneront la victoire, de la mort toute proche pour beaucoup peut-être... ; il évoque le souvenir lointain des joyeuses fêtes de Pâques, toutes égayées de cloches, par des journées de printemps ensoleillées...

A sa voix bien des yeux se mouillent, des prières apprises jadis remontent aux lèvres et, dans les cœurs que n'avaient plus touchés depuis longtemps peut-être la pensée de Dieu et le réconfort de la foi, un espoir renaît plus grand, plus haut, plus fort que la mort.

Puis, dans le ciel matinal, monte le chant du *Credo*, que répètent toutes les voix ; la fanfare militaire éclate triomphale, et, lorsqu'au moment de l'élévation, l'hostie sainte est élevée au-dessus des têtes pieusement inclinées, toute cette foule d'hommes de tous rangs et de toutes conditions, que le partage des mêmes dangers et des mêmes souffrances a indissolublement unis, ne forme plus qu'une seule et grande âme sur laquelle passe un souffle d'infini...

Maurice BESLAY.

(B..., 29 mai 1915).

Imprimerie Auguste Gout et Cie, Orléans.

LA NOUVELLE REVUE

POLITIQUE, LITTÉRAIRE ET ARTISTIQUE

Fondatrice : Mme Juliette ADAM

Directeurs : Henri AUSTRUY et Johannès GRAVIER

Paraît le 1er et le 15 de chaque mois

depuis le 1er Octobre 1879

PRIX DE L'ABONNEMENT

	12 MOIS	6 MOIS	3 MOIS
Paris, Départements	45 fr.	24 fr.	12 fr.
Étranger	55 fr.	30 fr.	16 fr.

Prix du Numéro : 2 fr. 50

Rédaction et administration : 80, Rue Taitbout (Téléphone 104-91)

PARIS

La *NOUVELLE REVUE*, après trente-six ans de succès, a gardé toute la variété de ses premières éditions ; les questions les plus diverses y sont traitées par les personnalités les mieux qualifiées de l'heure actuelle ; la plupart d'entre elles éveillent, dans la presse quotidienne, des échos nombreux et retentissants. Tribune ouverte à toutes les opinions de bonne foi, la *Nouvelle Revue* offre aux discussions libres une large et impartiale publicité ; les études littéraires, les consultations politiques, les nouvelles thèses de l'art, de la science et de la sociologie y sont exposées et défendues avec un éclat qui justifie sans cesse la promesse de son titre, toujours jeune et toujours nouveau.

Il suffit de citer ses principaux collaborateurs, anciens et actuels, pour prouver la haute tenue littéraire, artistique et politique de sa rédaction. Aux sommaires de la *Nouvelle Revue* ont, depuis un quart de siècle, figuré les noms de :

Paul Adam, Germain Bapst, Louis Barthou, Baudelaire, A. Bérard, Émile Bergerat, Jules Bois, Rosa Bonheur, Gaston Bonnier, Henri de Bornier, Léon Bourgeois, Paul Bourget, Général Bourelly, J.-B. Carpeaux, René Cagnat, Jules Case, J. Chaumié, Arthur Chuquet, Denys Cochin, François Coppée, F. de Curel, Alphonse Daudet, Paul Déroulède, Deschanel, P. Dimon, Marcel Dieulafoy, Général Dragomiroff, Alexandre Dumas fils, Charles Dupuy, Camille Flammarion, Flaubert, Henry Fouquier, Anatole France, Général Galliéni, Gambetta, A. Gervais, Capitaine Gilbert, Edmond de Goncourt, Octave Gréard, Gustave Guiches, Yves Guyot, Hanotaux, Edmond Haraucourt, Victor Hugo, A. Lacour, Leconte de Lisle, Louis Legrand, Achille Luchaire, Georges Leygues, Pierre Loti, Lintilhac, Maeterlinck, Paul et Victor Margueritte, Massenet, Guy de Maupassant, Octave Mirbeau, Mistral, Gabriel Monod, Gérard de Nerval, Parlarin, Émile Pouvillon, Arthur Ranc, Henri Rochefort, Édouard Rod, Saint-Saëns, Sardou, Jules Simon, Sully Prudhomme, Taine, Tolstoï, Tourguéneff, Vandal, Émile Zola...